KB176077

지
상
담
병

图说中华文化故事 5
战国成语与赵文化-纸上谈兵

조나라 편

5

저우궁신 / 엮음
한국학술정보 출판번역팀 / 옮김

지상담병 紙上談兵

이론만 알고 실전
경험이 부족하면
결국 일을
망치게 된다

타이베이
고궁박물관장이
들려주는

그림으로 읽는

고사성어 이야기

이담 Books

엮은이의 말

현시대는 단편적인 지식과 정보가 범람하는 시대입니다. 어떻게 해야 이 시대를 살아가는 우리 청소년들이 유구한 중국의 역사와 찬란한 문화를 체계적이면서도 재미있게 읽고 습득할 수 있는가, 나아가 이를 통해 지혜로운 사람으로 성장할 수 있겠는가가 이 시리즈를 엮으며 줄곧 유념했던 부분입니다.

40여 년간 박물관에서 일한 경험, 특히 타이베이(臺北) 고궁박물관에서 일하는 동안 청소년 및 젊은 세대를 위해 적잖은 활동과 전시를 계획하고 주최하면서 지금의 젊은 층이 시각적인 환경에서 자라난 세대임을 알게 되었습니다. 이미지와 영상에 대한 관심이 높은 그들이 학습하는 데 있어 시각 자료가 가장 효과적인 매개체라고 생각했습니다. 그래서 중국 역사문화를 옛이야기와 그림이 함께 있는 형식으로 엮어 『그림으로 읽는 고사성어 이야기』를 출판하게 되었습니다.

그 첫 번째는 전국시대 조나라의 고사성어 이야기 총 10편입니다. 특별히 부록을 별도로 만들어 조나라의 흥망성쇠, 문화 특징, 전쟁 역사, 중요 인물 그리고 예술 발전 과정을 일일이 소개함으로써 10개의 고사성어 이야기를 유기적으로 연결시켜 조나라의 문화사를 통합적으로 재현했습니다.

무엇보다 이 책에 실린 삽화들, 즉 인물, 장면, 생활 용품, 연대표, 지도 하나하나는 모두 엄정한 고증을 거쳤으며 동시에 각 시기의 역사, 지리, 생활, 유행, 예술, 예절 그리고 그 이면에 감춰진 문화적 이념을 드러내기 위해 많은 노력을 쏟았습니다. 『그림으로 읽는 고사성어 이야기』를 통해 전 세계 청소년들이 장대한 중국의 역사문화를 접하는 동시에 나아가 깊은 지혜의 자양분을 얻길 바랍니다. 이는 본 시리즈를 엮은 가장 큰 바람이자 목적이기도 합니다.

이 책에 사용된 출토 유물 사진은 상하이(上海)박물관, 진시황제릉(秦始皇帝陵)박물관, 후베이(湖北)성박물관, 후난(湖南)성박물관, 한단(邯鄲)시박물관, 중국국가박물관, 양양(襄陽)시박물관, 허베이(河北)성문물연구소, 허난(河南)박물관, 윈난(雲南)성박물관, 산시(陝西)역사박물관, 쓰촨(四川)박물관, 베이징(北京)고궁박물관, 홍산(鴻山)유적지박물관, 베이징대학 새클러(Sackler, 賽克勒) 고고학과 예술 박물관에서 제공한 것입니다. 이 자리를 빌려 감사드립니다.

2014년 11월 타이베이에서

저우궁신(周功鑫)

목 차

지상담병 유래

'지상담병(紙上談兵)'은 사마천(司馬遷)의 『사기(史記)』 「염파인상여열전(廉頗藺相如列傳)」에서 나오는 이야기입니다.

전국시대* 약 기원전 265년부터 진(秦)나라는 한(韓)나라를 집중 공격합니다. 3년 뒤. 한나라 왕은 강력한 진나라가 두려워 상당군(上黨郡)**을 떼어 주고 화친(和親)을 맺으려고 합니다. 그러나 상당군 군수 풍정(馮亭)은 성읍을 조(趙)나라에 바치고 조나라의 지원을 요청합니다.

풍정의 제안을 수락한 조나라 효성왕(孝成王)은 작전 경험이 풍부한 염파를 파견하여 상단군의 전략적 요충지인 장평(長平)***을 지키면서 진나라 군의 북상과 동진(東進)을 막아 냅니다.

그러나 효성왕은 곧이어 진나라에서 퍼트린 유언비어에 속아 장수를 염파에서 조괄(趙括)로 교체합니다. 조괄은 병법을 열심히 배웠지만 실전 경험이 전혀 없어 결국 조나라 군은 진나라 군에 완패하고 맙니다. 조나라는 40여 만 병사를 잃고 국력도 크게 쇠락합니다.

훗날 사람들은 이론만 알고 실전 경험이 부족하여 결국 일을 망치는 상황을 이르러 '지상담병'이라 하게 되었습니다.

* 기원전 475년~기원전 221년. 춘추시대를 잇는 대변혁의 시대로 진(秦)나라가 6국을 멸하고 통일하기까지를 이름
** 오늘날 산시(山西)성 동남부
*** 오늘날 산시성 가오핑(高平)시 서북쪽

◎ 소양왕
(기원전 325년~
기원전 251년)

◎ 백기
(?~기원전 257년)

전국시대 말, 진나라는 줄곧 한(韓), 조(趙), 위(魏), 제(齊), 초(楚), 연(燕) 6
국을 위협하는 강적이었습니다. 야심만만한 진나라 소양왕(昭襄王)은
용감하고 싸움에 능한 백기(白起) 장군을 선봉장으로 하여 시시때때로
6국에 출병(出兵)하여 그들의 안전을 위협하였습니다.

이때, 조나라 혜문왕(惠文王)은 아버지 무령왕(武靈王)*보다는 위풍당당
하지 못했지만 지혜롭고 싸움에 강한 군주였습니다. 그는 염파, 인상여

◎염파
(약 기원전 321년~기원전 238년)

◎혜문왕
(기원전 310년~
기원전 266년)

◎인상여
(약 기원전 310년~
기원전 241년)

등 훌륭한 신하들의 도움을 받아 아버지가 이루어 놓은 기초를 바탕으로
조나라를 전성기로 이끌었습니다. 당시 조나라는 진나라와 실력이 비슷
하였으며 진나라와 맞서 싸울 수 있는 유일한 적수이기도 하였습니다.

* ?~기원전 295년. 조나라 6대 왕으로 '호복기사(胡服騎射)'를 실시하여 강력한 기병(騎兵)
  부대를 양성함

◎ 악승(생몰년 미상): 조나라의 혜문왕, 효성왕, 도양왕(悼襄王) 시기에 활동함

조나라 혜문왕 30년(기원전 269년), 진나라 소양왕은 전쟁을 일으켜 한나라의 알여(閼與)*까지 진출합니다. 알여는 조나라 국경과 잇닿아 있는 곳으로 조나라도 위태로운 상황이 되었습니다. 혜문왕은 정세가 불안해지자 백전노장 염파와 악승(樂乘)을 불러 대책을 의논했습니다. 강직한 염파가 말했습니다.

"대왕마마, 지리적 위치로 볼 때 한단(邯鄲)**은 타이항산(太行山)의 동쪽에 있고 알여는 타이항산의 서쪽에 있습니다. 또 한단에서 알여까지는

거리가 멀고 산길이 좁아 험난하여 지원하는 것이 쉽지 않습니다!"

혜문왕이 이번에는 악승에게 물었습니다.

"악승 장군, 그대의 의견은 어떻소?"

악승이 대답했습니다.

"대왕마마, 염파 장군의 말에 동의합니다."

* 오늘날 산시성 허순(和順)현
** 오늘날 허베이(河北)성 한단시

　혜문왕은 두 사람의 생각을 듣고 나서도 여전히 알여를 포기할 수 없
어 다시 조사(趙奢)를 불러 똑같이 질문했습니다.

　조사가 대답했습니다.

　"대왕마마, 지리적으로 볼 때 알여로 출병하는 것은 분명 쉽지 않은
일입니다. 그러나 지금 상황은 마치 굴속에서 뒤엉켜 싸우는 두 마리의

◎ 조사
(약 기원전 323년~261년)

쥐와 같으니 용감한 쪽이 반드시 승리할 것입니다."

조사의 의견을 들은 후 혜문왕은 결정을 내렸습니다.

"경의 말에 일리가 있소. 한번 부딪쳐 봅시다."

그리하여 혜문왕은 용기와 지혜를 겸비한 조사를 선봉장으로 한 지
원군을 알여에 파견했습니다.

　명을 받고 출발한 조사와 군은 한단에서 얼마 가지 않고 중간에 진군을 멈추었습니다. 그들은 길을 재촉하지 않고 주둔지에 보루를 쌓기 시작했습니다. 그때 알여를 점령한 진나라 군은 힘을 비축하여 고된 행군으로 지친 조나라 군을 한번에 없애기 위해 그들을 손꼽아 기다리고 있었습니다.

　그러나 조나라 군은 그림자도 보이지 않았습니다. 초조해진 진나라

군은 행상인을 가장하여 조나라 군의 행방을 찾아 떠났습니다. 조사의
군영을 발견한 그들은 기쁜 나머지 군영에 깊숙이 파고 들어가 상황을
알아보기로 하고 수비군에게 말을 건넸습니다.

"저희는 상인입니다. 가던 길에 지쳐 이곳에서 좀 쉬어 가려고 하는
데 괜찮겠습니까?"

수비군 책임자는 즉시 조사에게 보고했습니다.

조사는 '진나라 군이 조급한 모양이군. 첩자를 보내 상황을 염탐하는 걸 보니'라고 생각했습니다. 그러고는 곧 명을 내렸습니다.

"먼저 술과 안주를 내어다가 잘 대접하거라. 만약 그들이 군사 상황에 대해 물으면 우리 군은 산길이 험난해 알여까지는 가지 못하고 이곳에서 수비할 것이라고 말하거라."

진나라 병사들은 조나라 병사가 내어 준 술을 한 잔씩 마셨습니다. 그러고는 조나라 병사에게 물었습니다.

"듣건대 진나라 군이 알여를 점령했다던데, 당신들이 지원하러 가는 게

아니었습니까? 어찌하여 이곳에 주둔하고 있습니까?"

　조나라 병사가 대답했습니다.

　"당신들은 아마 잘 모를 겁니다. 이곳에서 알여까지는 거리가 멀고
길이 험한 데다가 장비까지 무거워 그곳까지 가기는 무리입니다!"

　첩자가 캐물었습니다.

　"그러면 어떻게 할 생각이십니까? 혹 장군님께서 별말씀 없으셨습니까?"

　"직접 말씀하시진 않았지만 제가 짐작건대 조 장군께서는 이 전략적
요충지를 지키면서 진나라 군의 한단 공격을 막으려는 듯합니다."

　첩자는 병사들에게서 "조나라 군은 수비만 하고 감히 알여로 지원을 가지 못한다"는 소식을 알아내어 급히 진나라 군영에 전했습니다. 그 이야기를 들은 진나라 군은 하나같이 조나라 군을 비웃었습니다.

　"자그마한 타이항산에 발목이 잡히다니, 한심하군."

　첩자가 조나라 군영을 떠나자마자 조사는 진나라 군이 필히 해이해질 것임을 짐작하고 명을 내렸습니다.

　"모두 두꺼운 가죽 갑옷을 벗고 가벼운 차림으로 알여를 향해 진격하라."

◎ 허력(생몰년 미상):
헤문왕 시기에 활동

  조나라 군은 1박 2일 만에 전선에 도착했습니다. 그들은 궁수(弓手)*
부대의 호위하에 신속하게 군영을 구축하고 주둔했습니다. 이때, 하사
관 허력(許歷)이 조사에게 제안했습니다.

  "장군님, 진나라 군이 도착하기 전에 우리 군이 먼저 북쪽 산을 점령
하고 동시에 다른 한쪽에 매복해 있다가 그들을 공격해야 합니다."

  조사는 허력의 제안에 따라 군대를 배치했습니다.

* 활 쏘는 일을 맡아 하는 군사

　진나라 군은 조나라 군이 알여에 도착했다는 소식을 듣고 급히 출병
하여 조나라의 군영을 공격했습니다. 그러나 진나라 군은 북쪽 산지와
다른 쪽에 매복해 있던 조나라 군의 협공으로 크게 패하고 말았습니다.
　조사가 성공적으로 알여를 구하자 혜문왕은 기뻐하며 명했습니다.

"조사는 알여를 구하는 데 공을 세웠으므로 마복군(馬服君)에 봉한다."

당시 마복군은 염파의 대장군과 인상여의 우상경(右上卿)과 맞먹는 지위로, 이 사실로부터 혜문왕이 알여를 성공적으로 지킨 것에 대하여 얼마나 기뻐했는지를 알 수 있습니다.

알여 전투 3년 뒤, 조나라 효성왕이 왕위에 올랐습니다. 진나라 소양
왕은 효성왕이 등극한 지 얼마 안 되어 조나라가 다른 나라와의 전쟁을
벌일 여력이 없는 틈을 타 적극적으로 동진했습니다. 몇 년 사이 진나라
대장군 백기는 타이항산 주변 성들을 함락하고 타이항 산맥의 통로를 장
악했습니다.

© 풍정(?~기원전 260년)

　효성왕 4년(약 기원전 262년), 진나라 군은 야왕(野王)*을 점령해 상당군 과 한나라 남쪽 도시와의 연결로를 차단하고 상당군 성읍 17곳을 진나 라 영토에 편입하려 하였습니다.

* 오늘날 허난(河南)성 친양(沁陽)시

한나라 왕은 진나라가 두려워 장군 풍정(馮亭)을 상당군 군수로 파견
하고 그에게 상당군을 진나라에 바치고 화친할 것을 명했습니다. 그러
나 풍정은 한 가지 다른 수를 생각해 내었습니다.

'상당군을 진나라에 바쳐 진나라의 세력이 커지는 것보다는 인접국인

조나라에 바치는 것이 나을 것이다. 조나라가 개입하면 한나라는 유력한 한편을 얻어 함께 진나라에 대항할 수 있으니 더욱 안전할 것이 아닌가?'

그리하여 풍정은 조나라 효성왕에게 상당군을 바치겠다는 뜻을 전했습니다.

◎ **효성왕(?~기원전 245년)**: 조나라 8대 왕으로 혜문왕의 아들

◎ **평원군(?~기원전 252년)**: 조나라 무령왕의 아들이자 혜문왕의 동생으로 맹상군(孟嘗君), 춘신군(春申君), 신릉군(信陵君) 등과 함께 '사공자(四公子)'의 한 사람

풍정의 제안을 들은 효성왕은 갈등했습니다.

'상당군을 받아야 할까? 받지 말아야 할까? 받으면 진나라의 화를 살 것이고, 받지 않으면 상당군은 곧 진나라의 영토가 될 텐데……'

◎ 평양군(생몰년 미상):
효성왕 시기에 활동

　　결국 효성왕은 이러지도 저러지도 못하다가 평양군(平陽君)의 의견을 들어보기로 했습니다. 평양군은 풍정이 조나라의 도움을 얻으려는 것을 알아차리고 말했습니다.

"받지 않는 것이 좋다고 생각합니다. 괜히 진나라를 화나게 해 우리나라와 교전할 빌미를 제공해서는 안 됩니다."

하지만 평원군(平原君)은 반대 의견을 내놓았습니다.

"저는 받아야 한다고 생각합니다. 그러면 우리나라의 영토가 늘어날 뿐만 아니라 한나라와의 관계도 더 돈독해질 것입니다. 또 진나라가 우리

나라와 교전할 경우 한나라는 우리 편에 서서 함께 진나라에 대항할 것입니다."

효성왕은 평원군의 의견에 동의했습니다.

"저는 평원군과 뜻이 같습니다. 염파 장군을 보내 상당군을 취할 것입니다."

　염파는 상당군에 이르러 지형을 관찰하고 나서 풍정에게 말했습니다.

　"수년간의 군사 경험으로 볼 때 우리는 반드시 남쪽 장평에 주둔해야
하오. 장평만 지켜 내면 진나라 군은 북쪽 상당군에 들어오지 못할 뿐만
아니라 동쪽 타이항산을 넘어 한단으로의 진격이 더욱더 어려울 것이오.
그렇게 되면 조나라와 한나라 모두 안전할 것이오."

　풍정은 염파의 전략에 동의하고 한나라 군을 조나라 군과 함께 장평에
주둔시켰습니다.

이 소식을 들은 진나라 소양왕은 크게 화가 나 장평을 공격했습니다. 염파는 지연 전술로 진나라 군의 빠른 공격을 막고 그들에게 틈이 생길 때를 엿보아 공격했습니다. 조나라와 진나라 군은 장평 옆 산지를 따라 동서로 요새를 쌓고 대치했습니다. 진나라 군이 수차례 도발했으나 염파는 꿈쩍하지 않고 병사들에게 활과 노(弩)*를 준비하게 하고는 요새 위에서 굳건히 지켰습니다.

* 활에서 발전한 무기로 '쇠뇌'라고도 불림

　진나라 군이 장평에서 3년간 요새를 한 발짝도 넘어서지 못하자 진나
라 소양왕은 이간책을 쓰기로 했습니다. 소양왕은 조나라 명장 조사의 아
들 조괄을 떠올렸습니다. 당시 조사는 이미 죽은 뒤였고, 그의 아들 조괄
은 어려서부터 병법을 공부했으나 실전 경험이 한 번도 없었습니다. 소양
왕은 조나라에 사람을 보내 유언비어를 퍼뜨리게 했습니다.

"염파는 진나라 군이 무서워 요새를 지키기만 한다. 만약 조사의 아들 조괄이 선봉장이라면 진나라 군은 무서워서 더 이상 조나라를 공격하지 못할 것이다."

결국 조나라 효성왕은 유언비어에 속아 넘어갔고 하루빨리 승리를 거두기 위해 선봉장을 염파에서 조괄로 바꾸려 했습니다.

하루는 효성왕이 조괄을 대궐로 불러 물었습니다.

"장평 전투에 대해 어떻게 생각하오?"

조괄은 당당하고 거침없이 말했습니다.

"만약 우리가 대적하고 있는 것이 진나라 대장군 백기라면 제가 더욱

◎ 조괄(?~기원전 260년):
마복군 조사의 아들

심혈을 기울여 전략을 고려해야 하겠지만 현재 진나라 장수는 알려지지
않은 사람으로 이 전투는 쉽게 이길 수 있습니다."

　이 말을 들은 효성왕은 기쁨을 감추지 못했습니다.

　이때 인상여는 병환에 있었으나 왕이 장수를 바꾼다는 소식에 걱정되어 한달음에 달려가 간청했습니다.

　"장평 전투는 대치 상황이나 여러 해 동안 전장을 누빈 염파 장군의 전략적 고려가 있었을 것입니다. 조사가 명장이었으나 그렇다고 그 아들이 똑같은 능력이 있다고는 말하기 어렵습니다. 조괄은 어려서부터 병서를 읽어 이론에 밝으나 실전 경험이 전혀 없습니다. 전장에는 여러 변수가 발생할 수 있으며 젊은 그가 교활한 진나라 군을 제대로 상대하기는

어려울 것입니다. 마치 슬(瑟)의 기둥을 아교*로 붙여 놓으면 현을 조절할 수 없어 연주할 수 없는 것과 같습니다.** 그러니 대왕마마, 장수를 바꾸는 일은 심사숙고하셔야 합니다."

그러나 인상여의 간청에도 효성왕은 결정을 바꾸지 않았습니다.

* 짐승의 가죽, 힘줄, 뼈 따위를 진하게 고아서 굳힌 끈끈한 것
** '교주고슬(膠柱鼓瑟)'을 말한다. 터무니없는 방법으로 일을 꾸려 나가려는, 즉 융통성 없이 변화할 줄 모르는 고지식한 태도를 가리킨다.

　장수를 바꾼다는 소식은 곧 조괄 어머니에게 전해졌고 그녀는 조사가
했던 이야기를 떠올렸습니다.

　'아들이 병법을 이야기할 때면 마치 나보다 우위에 있는 것처럼 보이
지만 사실 조괄이 말하는 방법은 모두 불가능한 것들이오. 어휴! 입으로
말하기는 쉬워도 막상 전장에 나가면 목숨을 걸고 싸워야 하오! 그때 내
가 알여 전투에서 이름을 날리게 된 것은 나의 책략 외에도 부하들의 제
안을 거리낌 없이 받아들였기 때문이오. 그런데 조괄은 스스로를 너무

자신하니 그 아이가 병사를 이끌면 반드시 패할 것이오!'

그녀가 보기에도 조괄은 늘 독선적이고 고집불통이어서 가르쳐도 잘 듣지 않았습니다. 그러다 보니 조괄의 어머니는 걱정하지 않을 수 없었습니다. 또한 조나라 효성왕도 혜문왕보다 지혜롭지 못했습니다. 며칠 후 장수를 바꾼다는 명령이 내려오자 조괄은 기뻐 날뛰며 조금도 걱정하지 않았습니다. 그 모습을 본 조괄의 어머니는 더욱 근심에 싸였습니다.

　그리하여 조괄의 어머니는 효성왕에게 글을 올려 위임장을 거두어 달라고 부탁했습니다. 이상하게 여긴 효성왕은 그녀를 불러 물었습니다.

　"그대의 아들이 대장군이 되었으니 마땅히 영광스러운 일이라 여겨야 하거늘 어찌하여 반대하는가?"

　조괄의 어머니가 대답했습니다.

　"대왕마마, 조괄은 아버지 조사와는 전혀 다르므로 이처럼 중요한 임무에 적합하지 않습니다. 조사는 출병 명령을 받으면 온 힘을 다해 어떻게

승리를 거둘 것인가에만 전념하고 집안일을 전혀 관계치 않습니다. 그런
데 조괄은 대장군으로 임명을 받고서 벌써부터 의기양양해서는 유세를
부립니다. 그의 부친도 생전에 자부심이 강한 아들을 무척이나 걱정했었
습니다. 그러니 바라건대 명을 거두어 주십시오.”

효성왕은 여전히 개의치 않고 말했습니다.

“그대 말에 일리가 있는 듯하나 조괄이 병법에 능통하고 열의가 대단
하니 계획대로 진행할 것이오! 그대도 너무 걱정하지 마시오.”

조괄의 어머니는 더는 효성왕을 설득할 수 없음을 깨달았습니다.

"대왕마마께서 이미 마음을 정하셨다니 저도 감히 더 말하지 않겠습니다. 다만 조사가 생전에 나라를 위해 몸과 마음을 다했고 큰 공도 여러 번

세웠으니 훗날 조괄이 잘못할지라도 조씨 가문의 다른 사람에게는 피해
가 가지 않았으면 합니다."

효성왕은 그녀의 요구를 들어주었습니다.

　조괄은 염파를 대신해 대장군이 된 후 자신의 능력을 과시하기에만 급급해 전선에 도착하자마자 원래의 배치를 크게 바꾸고 주도적으로 출격하여 진나라 군을 한번에 전멸하려고 하였습니다.

　풍정은 조괄의 결정에 놀라 급히 나서서 말렸습니다.

　"장군, 염파 장군의 배치는 전략적으로 깊이 생각하고 결정한 것이기에 진나라 군이 여태껏 우리 군을 돌파하지 못한 것입니다. 만약 배치를 바꾸면 형세가 바뀔 것인데 장군께서는 신중하게 생각하시고 다시 결정해

주십시오."

　그러나 조괄은 고집불통이었습니다. 진나라는 조나라가 자신들의 꾐
에 빠진 것을 알고 노련한 백기 장군을 장평에 보내 맞서 싸우게 하였습
니다. 백기는 지형과 조나라 군의 배치를 파악하여 군사(軍事)를 조절했
습니다. 또한 10킬로미터에 달하는 진영을 구축하여 조나라 군의 공격을
방어하는 한편 몰래 두 갈래로 군대를 나눈 후 잠복시켜 조나라 군의 뒷
길을 차단했습니다.

조나라와 진나라 군의 교전이 시작되었습니다. 백기는 정면에서 맞서
다 져서 물러나는 것처럼 가장하여 조나라 군을 유인했습니다. 예상대로
조괄은 백기의 꾐에 넘어가 군사를 이끌고 진나라 군이 잠복해 있는 곳
에 다다랐습니다. 이때 백기가 사전에 배치했던 두 갈래 군대 중 한 갈래
는 뒤쪽에서 조나라 군을 포위하여 후속 군영과의 연결을 차단하고, 다른

한 갈래는 멀리 돌아서 가 조나라 군의 식량 보급선을 끊어 버렸습니다.

뒷길이 모두 차단되고 지원이 끊기자 조나라 군의 사기는 떨어졌고, 40여 일간 포위된 채 굶다 보니 전투력 또한 떨어졌습니다. 조나라 군은 네 갈래로 나뉘어 번갈아 가며 진나라 군을 공격했지만 여전히 포위망을 뚫을 수가 없었습니다.

　마지막으로 조괄은 직접 병사를 이끌고 맞서다 진나라 군이 쏜 화살에 맞아 죽었습니다. 전쟁에서 패한 조나라 군은 진나라 군에 항복했습니다.

　백기는 기뻐하며 명령했습니다.

　"포로 2백 명만 조나라로 돌려보내 우리 진나라 군이 얼마나 강한지 알리도록 해라."

　그리고 나머지 40여 만 조나라 병사는 모두 생매장되었습니다.

　조괄의 전사(戰死)와 패전 소식을 전해 들은 조나라 효성왕은 화가 나

호통쳤습니다.

"조괄은 말만 잘했구나! 그의 어머니 부탁을 들어주지 않았더라면 조씨 집안에 죄를 물었을 텐데!"

조괄의 식구들은 효성왕과 조괄 어머니가 한 약속 때문에 형벌을 피할 수 있었습니다. 장평 전투 후 조나라는 국력이 약해져 더는 진나라에 대항할 수 없었습니다. 이 전투는 전국시대 말기의 정치 상황을 바꾸어 놓았습니다.

지상담병에 담긴 삶의 지혜

　조나라 혜문왕 시기 조나라는 국력이 막강했습니다. 그러나 효성왕이 즉위한 후 젊은 군왕은 아버지처럼 겸손하지도 지혜롭지도 못했던 탓에 형세를 정확하게 판단하지 못했고, 혁혁한 전공에 지략을 겸비한 염파를 끝까지 신임하지 못했습니다. 염파를 대신한 조괄은 전쟁에서의 공이 많은 조사의 아들이었으나 실전 경험이 전혀 없고 성품이 교만하고 독선적이며 고집불통인

데다가 적군을 얕보아 결국 조나라 군을 패하게 하고 자신도 목
숨을 잃게 됩니다. 무엇보다 결과적으로 조나라는 장평 전투에서
40여 만 병사를 잃으면서 점차 쇠퇴하기 시작합니다.

'지상담병'은 훗날 사람들에게 자신의 능력을 제대로 알고 이
론 외에 몸으로 익히고 경험을 쌓아야만 성공할 수 있다는 것을
알려 주었습니다.

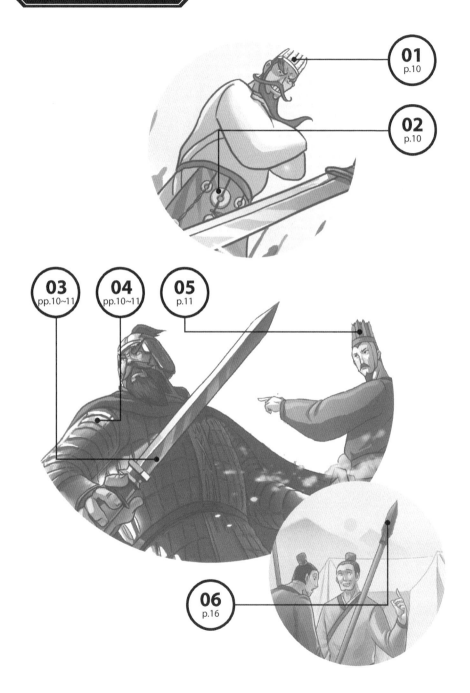

01 p.10

02 p.10

03 pp.10~11

04 pp.10~11

05 p.11

06 p.16

01

피변관 皮弁冠

변(弁)은 '변(變)'과 발음이 같으며 전국시대 군왕의 두관(頭冠)을 피변관이라 한다. 흰색 녹피(鹿皮)*로 만들며 다섯 가지 다른 색의 보석으로 장식하였다. 『신정삼례도(新定三禮圖)』에 근거하여 재현하였다.

*사슴 가죽

02

조옥패 組玉佩

전국시대 군자의 신분을 나타내는 패로 군자의 덕은 옥에 비유되기도 하였다. 후베이(湖北)성 징저우(荊州)시 장링(江陵)현 지청(紀城) 1호 무덤에서 출토된 채회목용(彩繪木俑, 후베이성문물고고학연구소 소장)을 참고하여 그렸다.

03

검

허베이(河北)성 한단(邯鄲)시 바이자(百家)촌에서 출토된 구리 검(한단시박물관 소장)을 참고하여 그렸다.

04

갑주 甲冑

갑옷과 투구로 전국시대에는 가죽을 여러 조각으로 재단한 후 붉은 실과 끈으로 봉합하여 만들었다. 후베이성 짜오양(棗陽)시 주렌둔(九連墩)에서 출토된 가죽 갑주(후베이성박물관 소장)를 참고하여 그렸다.

05

현단관 玄端冠

전국시대 관리가 쓰던 두관 양식으로 『신정삼례도』에 근거하여 재현하였다.

06

창

전국시대에 일상적으로 쓰이던 무기로 후베이성 짜오양시 주렌둔에서 출토된 구리 창(후베이성박물관 소장)을 참고하여 그렸다.

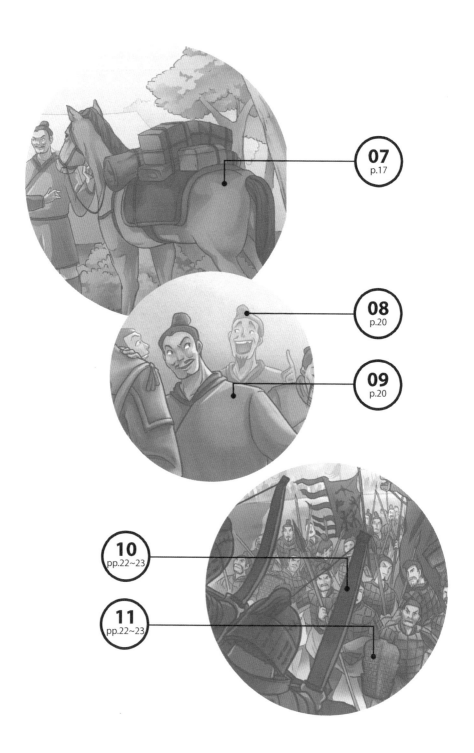

07
p.17

08
p.20

09
p.20

10
pp.22~23

11
pp.22~23

말

전국시대 이전의 주된 전투 양상은 차전(車戰)*이었기에 평원을 제외한 산간이나 굴곡진 지형에서는 싸울 수가 없었다. 기병(騎兵)의 투입은 전국시대에 이르러, 특히 조(趙)나라 무령왕(武靈王)이 '호복기사(胡服騎射)'**를 실행하면서 본격화되었다. 허베이성 한단시 조왕릉(趙王陵)에서 출토된 구리 말(한단시박물관 소장)을 참고하여 그렸다.

* 4~5마리의 말이 끄는 전차를 타고 싸우는 전투
** 조나라 무령왕이 실시한 복식 및 군사 개혁으로 호복(胡服, 유목 민족의 짧은 소매 옷)을 입고 말타기와 활쏘기를 익히게 하여 강력한 기병 부대를 양성한 것을 말함

개책 介幘

진(秦)나라 병사가 쓰던 붉은색 헝겊 모자이다. 산시성 시안시 진시황제릉에서 출토된 개책개갑무사용(介幘鎧甲武士俑, 진시황제릉박물관 소장)을 참고하여 재현하였다.

진秦나라 보병步兵 복장

산시(陝西)성 시안(西安)시 진시황제릉(秦始皇帝陵)에서 출토된 보병용(步兵俑, 진시황제릉박물관 소장)을 참고하여 그렸다.

활

후난(湖南)성 창사(長沙)시 웨량산(月亮山) 41호 무덤에서 출토된 대나무 칠궁(漆弓, 후난성박물관 소장)을 참고하여 그렸다.

방패

후베이성 쑤이저우(隨州)시 증후을묘(曾侯乙墓)에서 출토된 채회용봉문(彩繪龍鳳紋) 방패(후베이성박물관 소장)를 참고하여 그렸다.

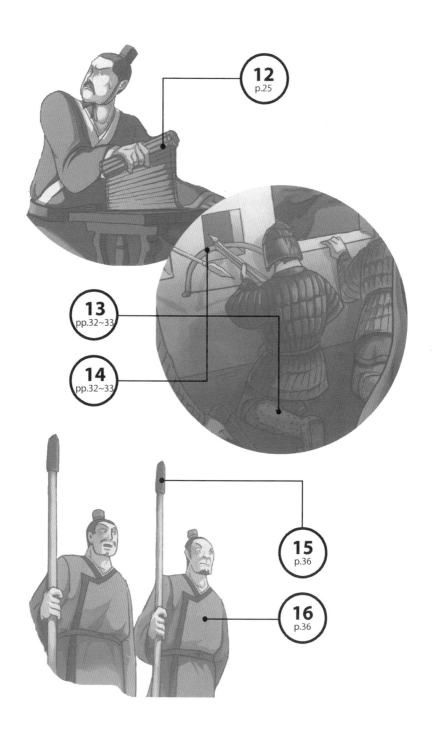

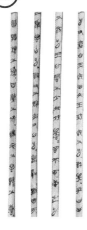

죽간 竹簡

글자를 기록하던 대
나무 조각으로 전국
시대 죽서[竹書, 상하
이(上海)박물관 소장]
를 참고하여 그렸다.

화 靴

목이 있는 가죽신으로 겉면에 동포(銅泡)*가
있어 보호 작용을 한다. 랴오닝(遼寧)성 선양
(瀋陽)시 정자와쯔(鄭家窪子)에서 출토된 가죽
신 복원도와 『중국고대군융복식(中國古代軍戎
服飾)』에 근거하여 재현하였다.

* 청동 단추 장식

노기 弩機

전국시대 사격용 무기로 활보다 사정거리가 길고 살상력도 뛰
어나다. 후베이성 샹양(襄陽)시 라오허커우(老河口)시 안강(安
崗) 1호 무덤에서 출토된 노기를 참고하여 그렸다.

수 殳

'서(書)'와 같은 발음이다. 전국시대 호
위병의 수비용 무기로 창의 일종이다.
산시성 시안시 진시황제릉에서 출토
된 구리 수수(殳首, 진시황제릉박물관
소장)를 참고하여 재현하였다.

직거단의 直裾短衣

전국시대 평상복으로 직거
(直裾)에는 발등까지 닿는 심
의(深衣)와 단의(短衣)가 있
다. 평민과 무사는 평소 활
동하기 편리한 단의와 바지
를 입었다. 산시성 창즈(長
治)시 편수이링(分水嶺)에서
출토된 청동무사상(青銅武士
像)을 참고하여 그렸다.

17
p.41

18
p.47

19
p.47

20
p.47

호부虎符

전국시대 병부(兵符)*로 호랑이 모양을 본떠 호부라 불렀다. 호부는 보통 가운데를 쪼개서 오른쪽은 군왕이 보관하고 왼쪽은 출전 부대의 장수에게 주었다. 좌우 양쪽이 들어맞아야만 군령(軍令)이 유효하였다. 산시성 시안시 산먼커우(山門口)에서 출토된 두호부(杜虎符, 산시역사박물관 소장)를 참고하여 그렸다.

* 군대를 동원할 때 쓰던 패

대구帶鉤

전국시대에 유행한 요대(腰帶)* 장식품으로 허베이성 한단시 우안(武安)시 구(固)진 구청(古城)에서 출토된 착금은감녹송석동대구(錯金銀嵌綠松石銅帶鉤, 한단시박물관 소장)**를 참고하여 재현하였다.

* 허리띠
** '착금(錯金)'과 '은감(銀嵌)'은 주조된 금속기의 표면에 홈을 파고 금사(金絲) 혹은 은사(銀絲), 금편(金片) 혹은 은편(銀片)을 박아 넣는 입사(入絲) 공예 기법이다.

진秦 나라 장군將軍 복장

산시성 시안시 진시황제릉에서 출토된 장군용(將軍俑, 진시황제릉박물관 소장)을 참고하여 그렸다.

진秦 나라 보병步兵 복장

산시성 시안시 진시황제릉에서 출토된 보병용(진시황제릉박물관 소장)을 참고하여 그렸다.

전국시대 문화 들여다보기

군복(軍服)

'지상담병' 이야기에서 알 수 있다시피 조나라와 진나라는 전국 시대 후기 강대국이었다. 당시 조나라가 유일하게 진나라에 대적 할 수 있었던 데에는 용감하고 싸움에 능한 장수 조사(趙奢)와 염 파(廉頗)의 존재뿐만 아니라 조나라 무령왕의 군사 개혁도 커다란 영향을 미쳤다. 무령왕이 실시한 '호복기사' 제도로 조나라 군의 전투력이 크게 상승하였기 때문이다.

호복(胡服)

당시 중원(中原)* 사람들은 서북 지역의 소수민족을 '호인(胡人)', 그들의 복장을 '호복'이라 불렀다.

조나라 무령왕은 조나라와 인접한 북방 소수민족의 복장이 말타 기와 활쏘기에 매우 적합하여 싸울 때 호인들의 동작이 한족들보 다 훨씬 날렵하다는 것을 알게 되었다. 그리하여 호복을 조나라에 도입하는 동시에 기병 작전 및 호복 착용을 대대적으로 추진하였 고 솔선수범하여 스스로 호복을 입기도 하였다. 이때부터 기병은 단독 군(軍)으로 거기(車騎)**와 함께 전쟁에 투입되었으며 다른 나

---

* 황허(黃河)의 중류와 하류 지역을 가리키는 말로, 허난(河南)성 대부분과 산둥(山東)성 서부 및 허베이(河北)성과 산시(山西)성 남부 지역을 포함한다.
** 전쟁 때 쓰는 수레와 기마

그림 1

그림 2

그림 1 │ 청동무사상 산시성 창즈시 펀수이링에서 출토된 청동무사상을 참고하여 그렸다.
그림 2 │ 수륙공전문감(水陸攻戰紋鑒) 탁본 허난성 웨이후이(衛輝)시 산뱌오(山彪)진에서 출토된 감에
　　　　근거하여 복장을 그렸다.

라에서도 마찬가지로 기병을 창설하기 시작하였다.

　무령왕의 '호복기사' 개혁으로 기병의 윗옷 소매는 좁게, 하의는
치마에서 바지로 바뀌었으며 신은 목이 긴 가죽 화(靴)를 신었다(그
림 1). 이로써 병사들은 전장에서 이전보다 훨씬 날렵하게 행동할
수 있게 되었다(그림 2).

갑주(甲冑), 비갑(臂甲), 화(靴)

'지상담병' 이야기 중 알여(閼與) 전투에서 조사는 진나라 군이 해이해진 틈을 타 조나라 병사들에게 두껍고 무거운 갑옷을 벗고 빠르게 진군하여 주둔하라고 명한다. 당시 병사들은 전장에서 두꺼운 가죽 갑옷(그림 3)을 입고서 몸을 보호하고 부상을 피하였다. 그러나 가죽 갑옷은 무게 때문에 병사들의 빠른 행군을 방해하기도 하였다. 그래서 조사는 전군에 명을 내려 갑옷을 벗어 던지고 가벼운 차림으로 진군하게 하였다.

일찍이 서주(西周) 시기부터 병사들은 가죽 갑옷으로 몸을 보호하였다. 초기 가죽 갑옷은 커다란 코뿔소 가죽 하나로 만들었는데 가죽이 크고 두꺼워 체형에 맞추어 재단할 수 없어 몸에 맞지 않았고 행동하기에도 아주 불편하였다.

춘추전국시대에 이르러 두꺼운 가죽을 10센티미터 또는 20센티미터의 작은 조각으로 자르고 병사들의 몸에 맞게 곡선으로 재단한 다음 붉은 실로 하나하나 봉합하여 가죽 갑옷을 만들었다. 가죽 갑옷의 변형으로 병사들은 갑옷을 입고 행동하기가 비교적 편리하게 되었다. 게다가 가죽 겉에 검은색 칠(漆)을 하여 보다 튼튼하게 만들어 갑옷이 쉽게 뚫리지 않게 하였다.

갑옷 외에도 머리에는 가죽 투구를 쓰고 양팔에는 구리 비갑(그림 4)을 차고 발에는 동포(銅泡)를 더한 화(그림 5)를 신어 방어력을 높였다. 이렇듯 전신에 보호 장비를 착용함으로써 병사들이 다칠 확률은 크게 줄어들었다.

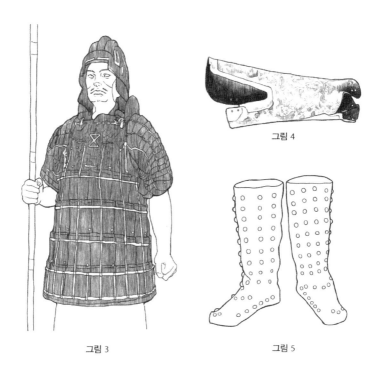

그림 3   그림 5

그림 3 │ 가죽 갑주 후베이성 쑤이저우시 증후을묘에서 출토된 가죽 갑주(후베이성박물관 소장)를 참고하
여 그렸다.

그림 4 │ 구리 비갑 윈난(雲南)성 위시(玉溪)시 장촨(江川)현 리자산(李家山)에서 출토된 구리 비갑(윈난성
박물관 소장)을 참고하여 그렸다.

그림 5 │ 가죽신 복원도 랴오닝성 선양시 정자와쯔에서 출토된 가죽신 복원도와 『중국고대군용복식』
에 근거하여 재현하였다.

전국시대 연대표

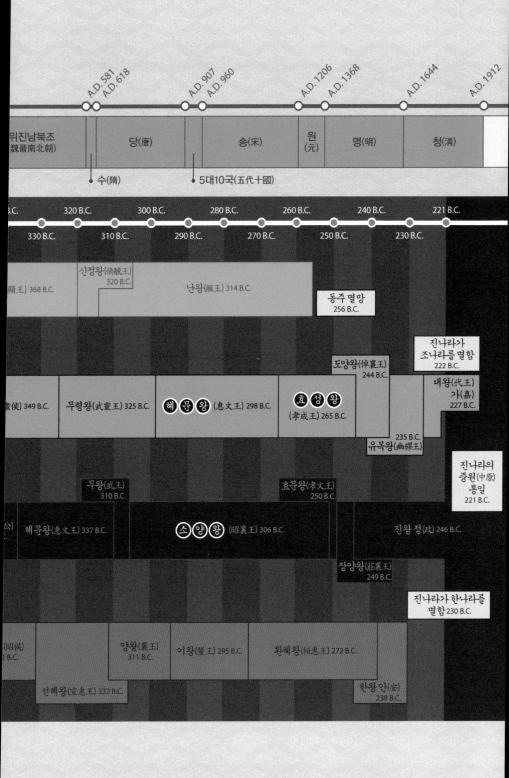

A.D. 581 A.D. 618 A.D. 907 A.D. 960 A.D. 1206 A.D. 1368 A.D. 1644 A.D. 1912

| 위진남북조 (魏晉南北朝) | | 당(唐) | 송(宋) | 원(元) | 명(明) | 청(淸) | |

수(隋)　　5대10국(五代十國)

B.C.　320 B.C.　300 B.C.　280 B.C.　260 B.C.　240 B.C.　221 B.C.
330 B.C.　310 B.C.　290 B.C.　270 B.C.　250 B.C.　230 B.C.

顯王) 368 B.C.

신정왕(愼靚王) 320 B.C.

난왕(赧王) 314 B.C.

동주 멸망
256 B.C.

진나라가
조나라를 멸함
222 B.C.

도양왕(悼襄王)
244 B.C.

대왕(代王)
가(嘉)
227 B.C.

肅侯) 349 B.C.　무령왕(武靈王) 325 B.C.　혜 문 왕 (惠文王) 298 B.C.　효 성 왕 (孝成王) 265 B.C.

235 B.C.
유목왕(幽繆王)

진나라의
중원(中原)
통일
221 B.C.

무왕(武王)
310 B.C.

효문왕(孝文王)
250 B.C.

公)　혜문왕(惠文王) 337 B.C.　소 양 왕 (昭襄王) 306 B.C.　진왕 정(政) 246 B.C.

장양왕(莊襄王)
249 B.C.

진나라가 한나라를
멸함 230 B.C.

昭侯)
王)　양왕(襄王)
311 B.C.　이왕(釐王) 295 B.C.　환혜왕(桓惠王) 272 B.C.

선혜왕(宣惠王) 332 B.C.

한왕 안(安)
238 B.C.

범례

◯	나라 이름
◎◎◎◎◎	국경선
◎	도읍
○	도시
▲	산
∼	강
凸	요새

동東
호胡

계薊

발渤
해海

제齊

하河

◎임치臨淄
즉묵卽墨

▲태산泰山

황黃 해海

○거莒

곡부曲阜

도陶

상구商丘

사泗
수水

하河
회淮

동東
해海

◎수춘壽春

소관昭關

◎오吳

강江

회계會稽

장長

월越
구甌

양揚
월越
민閩
월越

참고문헌

· 심종문(沈從文), 『중국고대복식연구(中國古代服飾研究)』, 상하이(上海): 상하이서점(上海書店), 1997.

· 하림의(何琳儀), 『전국고문자전(戰國古文字典)』, 베이징(北京): 중화서국(中華書局), 1998.

· 주석보(周錫保), 『중국고대복식사(中國古代服飾史)』, 베이징: 중국희극출판사(中國戲劇出版社), 1984.

· 상전열(桑田悅) 외 지음, 장영상(張詠翔) 옮김, 『전략전술병기사전(戰略戰術兵器事典) 1: 중국 고대편』, 신베이(新北)시: 풍수림(楓樹林), 2011.

· 육경엄(陸敬嚴), 『중국고대병기(中國古代兵器)』, 시안(西安): 교통대학출판사(交通大學出版社), 1993.

· 양관(楊寬), 『전국사(戰國史)』, 타이베이(臺北)시: 대만상무인서관(臺灣商務印書館), 1997.

· _____, 『전국사료편년집증(戰國史料編年輯證)』, 타이베이시: 대만상무인서관, 2002.

· 류영화(劉永華), 『중국고대거여마구(中國古代車輿馬具)』, 상하이: 상하이사서출판사(上海辭書出版社), 2002.

· _____, 『중국고대군융복식(中國古代軍戎服飾)』, 베이징: 청화대학출판사(淸華大學出版社), 2013.

· 류추림(劉秋霖) 외 엮음, 『중국고대병기도설(中國古代兵器圖說)』, 톈진(天津): 톈진고적(天津古籍), 2003.

· 한조기(韓兆琦) 주역(註譯), 『신역사기(新譯史記)』, 타이베이시: 삼민서국(三民書局), 2012.

· [송(宋)] 섭숭의(聶崇義), 『신정삼례도(新定三禮圖)』, 베이징: 중화서국, 1992.

엮은이 **저우궁신**周功鑫

프랑스 파리 제4대학(Paris Ⅳ)에서 예술사 및 고고학 박사 학위를 취득했다. 일찍이 타이베이 고궁박물관 관장 (2008.5.~2012.7.), 푸런(輔仁)대학 박물관학연구소 초대 소장(2002~2008)을 역임했으며, 현재 푸런대학 박물관학연구소 석좌 교수로 있다.

고궁박물관에서 일하는 동안 다양한 교육 활동을 기획하여 보급하고 자원봉사단을 꾸렸으며 중국과 대만의 주요 국제 전시회와 심포지엄을 여러 차례 추진하였다. 그중 '산수합벽―황공망과 「부춘산거도」 특별전시회[山水合壁―黃公望與富春山居圖特展]'(2011)는 영국 런던 『The Art Newspaper』가 선정한 글로벌 전시회 3등 상의 영예를 안았고, 이에 따라 타이베이 고궁박물관도 세계에서 가장 인기 있는 박물관 순위에 7번째로 그 이름을 올리게 되었다.

저우궁신은 문화 · 예술을 널리 알리는 데 공헌하여 프랑스 문화부에서 수여한 문화예술 공로 훈장 기사장 (1988), 교황 베네딕토 16세가 수여한 은패 훈장 및 상장(2007), 프랑스 대통령이 수여한 레지옹 도뇌르(Legion d'Honneur, 2011)을 받았고, 중국문화추진회가 선정한 '2015 중화문화인물(中華文化人物)' 명단에 오르기도 했다.

그림으로 읽는
고사성어 이야기 5 조趙나라편
_지상담병

초판인쇄 2018년 5월 28일
초판발행 2018년 5월 28일

엮은이 저우궁신周功鑫
옮긴이 임화영
펴낸이 채종준
기 획 박능원
편 집 조은아
디자인 박능원, 조은아
마케팅 송대호

펴낸곳 한국학술정보(주)
주소 경기도 파주시 회동길 230(문발동)
전화 031 908 3181(대표)
팩스 031 908 3189
홈페이지 http://ebook.kstudy.com
E-mail 출판사업부 publish@kstudy.com
등록 제일산−115호 2000. 6. 19

ISBN 978-89-268-8307-5 44080
    978-89-268-8297-9(전 10권)